不倫 … 大罪

いい男やい … 不倫なんてしない

ゆずり葉

序

「民法上、不倫は婚姻契約を破綻させる行為として不法行為にあたる」

浮気という言葉が不倫と呼ばれるようになったのは、ほんの少しの遊び心というよりも人間として許されない、人の道に反するという意識が高まってきたからだろうか。あるいはちょっとした気の迷いとして家族の結束を最優先するか、人の道に反すると徹底的にその信義誠実を問い、家族の崩壊へ進むかという大きな分かれ道にさしかかっているのか。

女性の不倫のみを罰せられた時代からすれば世の中は少しずつ良くなっていると考えられる。しかし、テレビや文学、映画などでこれでもかと不倫ものが列をなし、芸能人の不倫事件に対してちょっとしたつまずきなどと問題視しないコメントが多かった。不倫に対してまだまだ甘いと感じていたが、最近は厳しくはなったか。実際の当事者にとって、不倫されることは青天の霹靂、屈辱なので、親しい人にも言えず、家族だけで慰めあっているわけで、家族の憤激、無念は無限地獄である。ヒトゴトとはよく言ったもので、不倫がどれほど辛く悲しいことであるかはされた本人でなければわからない。不倫する当事者は、こんなことをしたら伴侶が悲しむかなんて想うこともなく、反省することもなければ後悔することもなく、今後やらないとも言えないなどと開き直る。同じ家族の中で全く正反対の心持ちとなる。信義誠実の泉であるはずの家庭が疑心暗鬼の巣窟と化す。

本書は次世代の若者たちの家庭が信義誠実の泉であり、心のよりどころ、お日様のように暖かで元気を養う場であるように願って書く。不倫当事者たちはこのような書を読もうとは思わないだろうし、読んでも何も感じないことだろうが、不倫された伴侶やその家族たちは裏切られた屈辱感と未来への絶望感と人を信じることができなくなる無力感に苛まれている。その屈辱と絶望と無力感はあなたのせいではないことを伝えたい。特に子供たちには、親子は互いを選べないのだからと。どんな家庭に生まれても自分の人生は自分で決めると決意して生きてほしい。くれぐれも子供たちには愚痴は言わない。そんな谷底をのぞくようなことは人生の時間が惜しい。むしろそこから脱出して新しい人生を生きて欲しいと願って書く。そこには地獄から天国に登ったような清涼感があるという。

そのために、まず不倫とは何か、一方的な裏切り行為であり、人生の貴重な時間を無駄に費やし、多くの人を悲しませ、傷つけていることを最近の映画を題材にして明らかにしていく。その7つの大罪をはっきりさせる。人間はその理由が理解できると安心してほぼ解決への道筋を探し始めるという。不倫する人たちの理不尽、未熟、ひとでなし度、アニマル度がわかれば、そういう人たちのためにこれ以上苦しむ必要はないと気づく。新しい人生を生きよう。あの魅力的なオードリー・ヘプバーンも最初の結婚生活14年のうち半分はそれが失敗であったと確認するだけの苦しいものだった。自らの父親が6歳のときに出ていったトラウマから子どものために離婚したくないと。二度目の結婚も10年の苦い時間を過ごした。結局オードリーは愛があったら不実はありえないと気づくまでに何年もの苦しい時を過ごさねばならなかった。

夫婦二人で任務分担して子育てに邁進し老後は二人で人生の努力の果実を楽しむものと期待していた。だが還暦間際の夫の人生の総決算は不倫であった。老後の蓄えどころか心ここにあらずで7年の月日を過ごしてしまった。情けないことこの上ないが、これを次の世代には繰り返させないためにこの本を残そうと思う。先人の知恵を参考にして。家庭は信義誠実の泉という信念のもとに生きてきたので、まさか自分の伴侶が不倫するとは想定していなかった。その対応に悩み苦しんだ。子どもたちからも不甲斐ない母親と思われた。いったいどうすれば良かったのか考えていきたい。

世の中には残念ながら人の情を受けずに育ってしまった人がいるらしい。人の顔はしているけれど人間らしい良心を持ち合わせていない。そういう人に出会ってしまったのは残念だけれどすぐにスイッチを変えて新しく生きていこう。そして若い人たちが心をこめて子どもたちの心育てをするお手伝いをしよう。まわりの大人を信じてすべてをゆだね、大好きでいてくれる幼いときに心温まる絆作りをしてこそ正義感、共感力、想像力、創造力が養われる。人としてなすべき事を知る志ある人が育つ。いい男やいい女は不倫なんてしない。不倫やいじめをするような人は心の知能指数が低いと自分で証明しているに過ぎない。理想や志を持ち、信義誠実の社会の一端を担う家族を創ろう。

「西洋では、甘い美しい言葉を男が花束のように捧げて若い女のそばに擦り寄り、一度ものにすると、もう後は野となれ山となれ口を拭ってしまうという悪い癖を、俺は大嫌いだ。言い寄るなら身も心も捧げて打ち込んでいく。それと決まれば生涯連れ添う覚悟だ。相手にもそれだけの覚悟を確かめて、一生をともにする気持ちになってもらわねばならぬ」『ロシアにおける広瀬武夫』のなかの広瀬武夫の言葉である。こんな日本男児がかつては日本を護ってくれていた。

目次

二　女たち千年の孤独　書物に記される女たちの孤独

四　不倫はどう乗り越えるか？

一　不倫七つの大罪

1　伴侶を傷つける　愛も思いやりもマイナス無限大
無邪気な時間は終わった

一番信じていた人に裏切られることは絶望だけでなく、可愛さ余って憎さ百倍、世の中で一番嫌いな最低の人と暮らすことになり、その憂鬱感は比類ない。怪我や病気は数値で表せるが、傷ついた心は誰も気づかない。それまで人生最大最強の応援団を自負していたのに、その瞬間からエネミー（敵）となる。愛すればこそ、裏切りは辛い。悩み苦しむ。愛がなければただのATMとしての存在で良しと開き直れるのに。別の人を愛してしまったと正々堂々告白し、慰謝料など手厚く払って新しい生活を提案するなら納得もいく。しかし陰に隠れてコソコソと泥棒猫のふるまいの果てにバレても開き直る人を生涯の伴侶として人生のすべてをかけてしまった自分が情けない。この人の子供をしっかりと育て上げ、その才能を発揮して素晴らしい人生を歩んでほしい一心だった。自分のキャリアなどより子育てに専念して、経済力など持たないことを気にすることもなかった。子持ち女は社会的に最弱の存在であった。そこの弱みに付け込んで稼いでいるのはこちらだから何してもよいのだと開き直られるとその卑怯さにあきれはてる。愛も思いやりもマイナス無限大。無邪気に伴侶を信じていた時間は終わった。

映画「ジミーとジョルジュ、心の欠片を探して」では、妻に浮気された夫に猛烈な頭痛が襲い、ドクターたちがその原因を探るがわからない。粉々に壊された心のかけらを探していくように、心を癒やす精神科医との出会いから少しずつ再出発への道筋を見つけていく。戦争での怪我が元かと思わせるが、妻の浮気に傷つく夫の心が猛烈な頭痛を引き起こしていると自他ともに気づいていく。心の痛みは体の痛みとして出てくる。

あまりに当たり前のように浮気を描いた映画が多い。「愛と哀しみの果て　Out of Africa」「マディソン郡の橋」は同じ女優が正反対の女性を演じている。生活のための仕事を持ち、アフリカの現地の人々のための土地をなんとかしていこうとする責任感の塊のような女は自由に生きたいと言う男を引き止めることもせず、寂しくアフリカを無一文で去っていく。一方はおよそ60年経った時代背景で貞淑な妻が家族の留守にふらりと現れたカメラマンとの情事に溺れる。何の罪もない夫や子どもを捨てることはしないが、死んだあと、マディソン郡の橋のたもとで自分の遺灰をまいてくれと書き残して、子どもたちの心をかき乱す。元小学校教師、貞淑なはずの妻にはなんの恥じらいもためらいもなく、後悔も反省もなく秘かに文通を続けてきた。60年前の女たちが自らの責務と現地の人々への正義感を保ち続けたのと正反対の女性を演じている。

映画「ダイアナ」では結婚のときにすでに夫は別の好きな人がいた。そうとは知らず初々しい心で結婚したのに、夫の心がどこか別にあると感じ取ったダイアナは愛の無い暮らしをするよりは一人で暮らすほうがマシと別居する。やがて離婚を選び、新しい恋人との恋愛をスクープ合戦されその渦中で事故死してしまう。もしも、夫となった人が誠実であって、新しい家庭で心を一つにしていたらダイアナは若くして死ぬことはなかった。可愛い息子たちに囲まれて天寿を全うしただろう。何十億と人がいる中でただ一人の人を人生の伴侶として選び新しい家庭を築くということは厳粛なものであると山本周五郎は言う。そこに誠意もなく愛もなくもう一人の人生を巻き込んでしまうのはあまりに不誠実。一人の女性の人生を翻弄し、苦しませ、不本意に死なせてしまった。結婚は愛から始まって子どもたちという愛の結晶を育て上げ、次の世代へとつないでいく人間としての崇高な文化的営みである。一人で生きるより、人生の応援団が加わってずっと強くなるし、楽しくなる。子育てをすることでオキシトシンやバソプレシンの働きが強くなりストレス耐性が強くなるということが確認されたという。子育ては経済的負担だけではないお金に換算されない喜びや楽しみ、勇気を親にくれるのだ。そういう素晴らしい存在を生んでくれたベターハーフに冷酷な仕打ちをするような人をいつまでも信じるのは人生の無駄にしかならない。

一度裏切った人は何度でも裏切るかもしれない。

「パリ3区の遺産相続人」では、57歳11ヶ月の男が時計とフランス語の本1冊とパリのアパルトマンを相続してNYから身一つでパリにやって来た。しかしその部屋には92歳の老女が居座っていた。その老女はかつてこの男の父親と不倫していた。この主人公はそのせいで愛されていないと苦しみ続け、3度の結婚と離婚、自殺未遂、アルコール依存で57年の生涯を楽しんできたことがない。母親も10回以上自殺未遂を繰り返し、息子が大学生になって初めての帰省の日に父親のピストルで自殺する。この老女の娘も10歳のときに母親が不倫していることに気づき、父も苦しみ続けているのを知っていた。なのに、自分自身も妻子ある男と不倫しているのを主人公から指摘され、不倫相手の妻と娘を傷つけていることに気づき、別れる。これほどにまわりを傷つけていることに不倫当事者たちは全然気づかずあっけらかんとして長生きしている。このような人たちを反省させようとか思っても無駄である。反省もしなければ後悔もせず、おそらく繰り返していくだろうから。一刻も早くその場を立ち去るのが望ましいが、自立の力をつけるまでは、嫌なクラスメートだと思ってじっとこらえて十分に力をつけたら飛び立とう。もはやベターハーフではなく、エネミー（敵）なのだから。そんな人間のために自殺するのはバカバカしいし、若い人たちが人間を信じられなくなり、離婚やアルコール依存に向かうのは痛ましすぎる。この大罪は万死に値する。不倫するような男の側にいてはいけない。

葉室麟の『山桜記』の中の「花の陰」という作品は「散りぬべき時知りてこそ世の中は花も花なれ、人も人なれ」という歌を残して死んだ細川ガラシャとその嫁の話である。本能寺の変のあと、夫細川忠興は側室を持ち、心通わぬ夫婦となってしまった。その冷ややかな暮らしが耐え難く、キリシタンとなってデウス様を大切に思うことでようやく生きる道を見つけたガラシャだが、「されどかなうことなら、夫婦として互いに愛おしむ道を歩んでみたかった」と語らせている。更に「ぎんぎんじょ」には「この世で夫婦のつながりほど強いものはありませぬ。夫婦となると、もともと他人ゆえ心が通わねばともに暮らすのは無理でございましょう。いずれかが力を失ったからと見捨てるのは夫婦とは申せませぬ。ひたすら心の結びつきに頼って世の荒波を渡らねばならぬのですから、夫婦ほど強いつながりはないのです」と語らせている。不倫は「心の殺人」とも言うそうだが、人間の心の絆の大本を断ち切ってしまうのが不倫である。相手はすでにあなたを心の中で殺している。

現代的な家族の崩壊を招くものとして映画「ボヘミアンラプソディ」では、主人公フレディ・マーキュリーが仕事仲間であった男ポールによって家族や仕事仲間との絆を壊されていく。自らの欲望やお金への執着のために家族のある人を不倫に誘いたくみに洗脳し、情報を遮断しその行動をコントロールし自分の都合の良い方向に導く。そのような悪意ある人物の邪悪な企みによって家族、職場、社会の信頼を失い、その不倫相手しか仲間がいない孤独な人生を歩む。

邪悪な人によって簡単に騙され、理性を失い、現実の家族、仲間たちからの信用を失っていく。痛ましすぎる。アルコールや麻薬の恐ろしさを教えるように、残念ながらサイコパスのような邪悪な人間がいることも教えておくべき時代なのかもしれない。

2　子供の心を傷つける　配慮マイナス無限大
寿命を5年縮める、死別のほうがまだまし

不倫の一番の被害者は子どもたちである。親のすべてを見習い、親のすべてを愛し、尊敬していた。夫婦は離婚してやり直すことができるが、親子はそのどちらかが死ぬまで関係を切ることはできない。自分を生んで育ててくれた母を父親がいじめて苦しめている。自分の半身は父親からのものである。家族を地獄につき落としているのは自分たちの父親である。愛し、学び、理解し合って生きることを教えてくれていたはずの父親が母を疑心暗鬼の闇に追いやっている。この現実に対してどうすることもできない。

親の愛の結晶としての存在と思えばこそ、自らの存在に安心し、誇らしく親の願いに恥じない人間になろうと努力する。親同士がい

がみ合ったり、憎しみ合ったりしたら、子どもたちの絶望は計り知れない。ところが、不倫するような人は親がモテる方が子どもだってうれしいだろうなどと言う。子どもたちに対して人間いかに生きるべきかというモデルであることを自覚しておらず、自分の欲望に忠実なだけで、親失格という自覚すらない。

それまで最高最良の尊敬すべき大好きな人が忌むべき不道徳人間であったとわかるのは悲しい。映画「ハッピーエンドがかけるまで」では、浮気した母親に絶望して子どもたちは自暴自棄になる。特に娘はどうでもいい男と付き合おうとしたり、真面目に近づく人にも心を開こうとしなかったり。実は父親のほうが先に浮気して母親が自暴自棄になって浮気を始めたことがわかり、いよいよ子どもたちにとって絶望的になるのだが、誠実に対してくれる人に少しずつ心がほぐされ、自分自身の仕事に道が開けて家族の絆も結直されそうな予感で終わる。子どもにとって親の不倫ほど情けない悲しいことはない。死別のほうが心を一つにして天国の父親に恥じない生き方をしようと頑張れる。死別のほうがマシであると岡田尊司は『真面目な人は長生きをする』の中でいう。映画で描かれた子どもたちは道を踏み外しそうな危ない時間を過ごしていた。無責任であったと恥じることもない大人が増えてきたのは人類の危機的状況を表しているのか。ただこの映画での救いは誠実な人の出現で心を癒され人間信頼の復活が予感されることである。子供は親の不倫に大きく傷つくが新しい人との出会いで回復していく若さがあることだけは救いである。

子どもが4人も5人もいる父親は父性が充分に発達しているので不倫とは無縁と書かれているものもあるが、現実は厳しい。親の不倫とは、人間信頼の根本を崩してしまう。それまでの努力を無にしてしまう。配慮マイナス無限大。寿命が5年縮むと言われる。こういうことをしたら家族がどう思うかを想像できず、最も信頼している人々を裏切って平気な人間なんて他の誰にも信用されなくなるのに。不倫をするような人はそもそも結婚すべきでないし、親となるべきではない。子どもを守るには一刻も早くその場を離れ、本当に信ずるに値する人間は他にもいると教えてあげることだ。子どもたちを愛し、慈しんでくれる大人が他にもいることを早く知らしめること。不倫するような人は人外の存在であると教えてその存在を早く忘れさせてあげることだ。

明治時代イギリスに10年留学し日本語の素晴らしさを英語で書いた馬場辰猪は大酒飲みで女色に溺れやすい父親の代わりに早くから家督を継いだ。酒はほとんどたしなまず、女性関係に対して異常なほどピューリタン的態度で生涯娶らず、30代なかばでアメリカにて客死した。父親は罪の重さに気づいたろうか。気づくような感性をもっていたら酒と女に人生の二度と戻らない時間とお金を浪費するはずがないか。

中島敦の「牛人」という作品は父親としての責任を果たさなかった男を生涯かけて許さず、飢えて死なせるまで許さなかった。

子孫への罪は大きい。まだ若くて親の言うことやることに異義を申し立てないからとその純真な心を踏みにじって非道徳的行いをするならばいつかそのしっぺ返しは来るだろう。

江戸時代咸宜園という塾を開いて有名な広瀬淡窓の父は「眼前の利益を貪らず陰徳をおこないて子孫に残すを旨としたまえり」とあった。森信三の『父親のための人間学』によると、「父親として我が子に残す唯一の遺産はその人が人間としてその一生をいかに生きたかという一事に極まる。和気と陽気の源泉である妻たり母たる人の心を曇らせ、悲しませるようなことは子のために絶対に避けねばならぬ。人間失格のうちには必ず女性問題と金銭問題が絡んでいる」新井白石の父親も「無事に一生を過ごすことができたのは金と女に近づかなかったからである」と書き残している。父親の生きた軌跡は遠く子孫にまで語り継がれるのだから、世の中のお父さん、心してほしい。愚かな父親が出現するともはやその家は3代で滅びてしまうと書いてある本もあったが、父親がいかに生きるかを子どもたちは見ているのだ。眼前の欲に心を奪われないよう人間力が試されていると心して欲しいものだ。もしも残念な父親であったことが発覚してしまった場合、まずは子どもたちへの配慮を考えよう。最近は母親も復讐するかのように不倫したり、子供をおいて出ていってしまったりする母親も出てきてしまった。結婚とはそもそも健やかな次世代を育てて文化を継承していく人類の営々たる大仕事である。子供を見捨ててどうする。何があっても子供の利益を最優先するべきことは忘れてはならない。

岡田尊司はプレーリーハタネズミとサンガクハタネズミの比較で、伴侶の違いはいくら努力してもそれが通じない場合、そこには希望がないと書いている。プレーリーハタネズミは一夫一婦のつがいを形成し、子どもたちと大家族で暮らす高潔な市民である。しかしサンガクハタネズミは愛着が希薄で持続性を持たず、子育てにも協力しない。人間は総じてプレーリーハタネズミ型の暮らしをしてきたが、近年、経済優先型個人主義の世界ではサンガクハタネズミ型の人間が出てきたという。プレーリーハタネズミのように、夫婦で協力して子どもを育て、幸福な家庭を作って生涯添い遂げたいと思っていてもサンガクハタネズミのようなパートナーを選んでしまったらどんなに努力してもその思いは無残に引き裂かれてしまうと。現代社会の経済効率優先社会が子育てに決して優しくないという事実に直面して、子どもたちの未来をどう守っていくべきか思案に暮れる。子どもたちを守る父性や母性が揺れてきている。地獄など見ないに越したことはない。しかし子どもはほんの僅かな足がかりを頼りに見事に自分らしく生きることができるものだとも岡田尊司はいう。もしもサンガクハタネズミのような経済効率優先自己愛型人間を伴侶としていたことに気づいたら、一刻も早く逃げることだ。しかし経済的に破綻しては元も子もないから、まずは自立の準備をしてからだけれど。子どもたちにとって、自然と太陽はきっといつでも味方である。不倫の死の灰にやられはしない。母は毅然と人生に立ち向かおう。伴侶選びに失敗したとしても子育ては全うしよう。母が嘆かず人生に立ち向かっていれば、子どもたちはきっと立派に生きていく。一度きりの人生だから最後まであきらめずに敢然と立ち向かおう。

不倫の一番の被害者である子供への被害を最小限にするのがここでの最大の務めだ。片親になる不安よりは、とりあえず両親でいてほしいと願うかもしれない。『牛人』のように父親への復讐のために人生を生きるのは虚しい。子供たちが復讐の気持ちなど起こさず、それぞれの人生を最高に楽しみ、生きていく術こそを身につけさせよう。

3　職場のスタッフたちの信頼を失う　チームの働く士気を減じる

マネジメントとは物事を正しく行うことだが、リーダーとは正しいことを行う人だとドラッカーは書いていた。尊敬されてこそリーダーである。そのリーダーに心服できなくなったら、仕事の成果は十二分に果たされなくなっても仕方ない。

「駆込み女と駆出し男」という映画では、鉄づくりの夫が女遊びにふけり、仕事場の職人たちはすっかりやる気をなくしてしまう。女房がいくら頑張っても徐々に成果は落ちていく。働く者にとってはリーダーたるものがそんなことでは頑張る気になれない。

百田尚樹の『幸福な生活』には、職場不倫のストーリーが次々と並び、乱婚状態の様相を描いている。スマホが出てから一気に不倫が急増したと言われている。女性が外で働くことを推奨して家族を解体の方向に向けてはならない。１９００年『児童の世紀』エレン・ケイは「男たちの給料を下げて女たちを仕事に駆り出したら、犠牲になるのは子どもたちである。男たちに家族を養える給料を払うべきである」と力説していたが、１００年経ってまた同じ事態が広がりつつある。

職場という給料を貰う立場で不倫などするのは経営者から見れば許しがたいことで、下の方の社員なら両方すぐに首だそうだ。上司と部下の不倫というのはまわりの人たちには耐え難いという。二人は秘密にしている素振りだが、ミエミエだし、何と言ってもえこひいきしているとしか思えなくなるから仕事に全力を尽くすのがバカバカしくなるという。妻子持ちを承知で付き合うとしたら二人共に単なる泥棒猫に過ぎない存在であると周知させているだけだ。リーダーは尊敬されてこそリーダーであるのに「ばかな大将敵よりこわい」という存在でしかなくなる。ある元社長さんは「職場恋愛は釣り堀の釣りである。カッコワルイの極みだ。仕事場は戦場であり、そこで仕事をしていることで会社から金をもらっているのに、職場で不要な神経を使ってばかりいたら仕事に邁進しているはずがない」と喝破している。そして上司と部下の職場恋愛を放置するとまず優秀な人から辞めていく。自身の経営するところなら自業自得であるが、雇われ社長であるなら、背信行為としか言いようがない。職場の士気を落としているのだから。

失った信頼や尊敬はお金では買えない。

4　社会的信頼を失う　道徳心の減退なし崩し

福沢諭吉は『学問のすすめ』の中で「いくらお金があるからと好き放題なんでもやっていいと思ったら大間違い、一人の放蕩は諸人の手本となり、世間の風俗を乱し人の教えに妨げをなすものだからその罪許すべからず」と書いている。

特に父母の膝の上で心を育て、学校の師の教えにより英知を開き、世の風に吹かれて思うことの種となる思春期の子供たちにとって不倫者ばかりの映画やドラマが溢れているとしたら、人生観はどのように形成されるだろうか。いつか出会う伴侶を信頼できるだろうか？大人たちが自分の欲望に従って行動しているだけだとしたら、子どもたちが理性に従ってセルフコントロール力を磨こうと思えるだろうか。次の世代の道徳心がなし崩し的に減退していく。文字の文化から映像文化に移行するとませた子供と未熟な大人ばかりになるという。そんな社会は生きにくい。お父さんたち、しっかりして！

映画「蜩ノ記」では、藩主の妻（側室）と密通したとされ、10年後の切腹が決まっている歴史家が主人公である。実は藩主の正室の罪を公にしないための無実の罪を背負っている。10年見張る役割の岡田准一が演じる青年が徐々に真実をあばいていく。非情な苛政に抵抗する農民たちの立場を守りつつ、家族の幸せを見届けて切腹に向かう。「良き夫婦であったと思う」と言い残して。立派な夫であった。本当に不義密通をして知らん顔で、たとえ明るみにされても証拠を突きつけられるまでは妄想とか言って開き直る人間のほうが多い現代への風刺のような映画である。不義密通の罪が軽くない時代と個人的問題として社会が見て見ぬふりをする時代の道徳心は天と地ほどに違う。

福沢諭吉は『日本男子論』でも、不倫が夫婦の大倫を破り、情を痛ましめ、敬愛の誠はこの時限りにて断絶せざるを得ないと書く。さらにこの一つのキズが家庭内の明るさを失い、親子の不和を招き、兄弟姉妹の争いとなり、子々孫々に繁殖してついに社会公徳の根本を薄弱ならしめると。夫婦の関係は至大至重のものにして人の大倫と称し、社会百福の基、また百不幸の源であるゆえんであると訴える。一家の夫婦、親子、兄弟姉妹、相互にその幸福を祈り、無礼の間に敬意を表し、争うがごとくにして相譲り、家の貧富に論なく万年の和気悠々として春の如くなるものこそ幸福であるのに。不倫はそもそも万物の霊長たるを忘れて単に獣欲の奴隷となったようなもの。人倫の大本、百徳の源たる夫婦の関係を傷つけるのは君子の威厳、気品を傷つけるもの、社会の信義誠実をも揺るがせる大悪であると。西洋文化を摂取導入するに当たり、清雅なる国民性を失うことなく和魂洋才、良きものだけを学ぶべしと力説した福沢の願いに私たちはなんと答えよう。

　乙武洋匡さんの『五体不満足』には子供たちともども感動した。人生何があっても絶望しないで、努力していくのは美しいねと尊敬していたのに。不倫して、反省している風もないのはまことに残念で悲しい。その本は直ちに捨てた。

　クリントン大統領の在任中の不倫は世界中を驚かせた。世界のトップのリーダーがすることだろうかとあっけにとられたが、それを許した妻のヒラリーを偉いと言う男もいた。リーダーたるもの正しいことをするはずが、こんなことをして世界の青少年たちに恥ずかしくないのかと女たちは憤っていたが、おじさんは早速まねをしている。リーダーたるもの、恥を知れ！である。およそ400年前の江戸時代初期、熊沢蕃山は「高位なる人の高潔な振る舞いは高札を立てるよりも速く人々の心に伝わる」と書いていたが、逆の振る舞いもまた社会の隅々にまで伝わってしまう。恐るべし。

5　不倫している二人以外誰も幸せにならない
世のため人のためにならず

映画「8月の家族たち」では、夫が妻の妹と不倫し、子どもまでなした挙句、「人生は思いのほか長い」とか勝手な言葉を残して自殺してしまう。それまでの間、妻は生活や子どもたちのために離婚は思いとどまり、精神安定薬を手放せない生活だった。子どもたちにも決して優しい母親とはいえない毒舌家になってしまった長い道のりだったのに。ドミノ倒しのようにまわりの人たちが次々と不幸になっていく。長女は夫の不倫に苦しみ、実家に戻る。娘は夫のもとに残されたままで麻薬にはまっていく。次女は男にだらしなく、無能な男のあとを追いかける。父親と母の妹の不義の子どもである精神遅滞のいとこと三女は恋愛関係にある。妹の夫は妻の不義を知りながら息子を育てる。異母兄妹であることを知らされてもなお二人は遠くニューヨークに出て一緒になると暗示して。3人の娘達誰もが不幸になっていく予感をさせるエンディングである。

　夫は大学教授らしく、エリオットの詩集などを愛読していた風である。しかしそのエリオットは「我々の生活はちょうど我々の先祖の生活が人類にとっての遺産であるように我々自身にとっての道徳的遺産である。我々が行った偉大な行為はその後の我々のすべての行為をそれにふさわしいものにするための大きな契機である」と書き残しているのであって、この映画そのものがエリオットの言葉の真逆である。道徳的遺産となるべき生活をせねばと書き残している人の言葉を愛読しながら、大いなる不倫を働いてまわりの人すべてを不幸の輪に巻き込んでいる。

　この映画で幸せになりそうな予感をさせている人物はいない。この父親は一方的加害者として世を終えた。道徳的遺産というよりも非道徳的一例を残しただけである。

もう一つ典型的な作品がある。岸恵子の『わりなき恋』という70歳のジャーナリストが60歳のエリートサラリーマンと不倫をする物語。「妻子ある男性と二人きりで食事をするということ自体、そこにどんな感情があろうとなかろうと、日本婦道の鑑のような明治生まれの母から見れば不徳の極みであるに違いない」とわかっていながら、妻子ある男との情事にのめり込んでいく。仕事の若いスタッフにすら「だいたい、その方の奥さんの身にもなってみてください」と言われながらも。「正直言って虫がいいなとは思うわよ。自分の家庭は傷つかず温存しているわけでしょ。あなたは彼にとって都合の良い女なのよ。経済的にも自立しているし、男を困らせる女ではないのよ」と友人に言われても。自らも「愛する人を共有するということが私にもたらす理不尽さと屈辱を考えたことがあるのだろうか」と男に問いかけたのに。「もしも妻に知られたら、妻は半狂乱になると思うし、僕はすべての人を敵に回す」という男に「周りを敵に回すのが怖い人に私を真剣に愛する覚悟はない」と気づいていながらも関係を続け、苦しみ続ける。すべての人を敵に回すとわかっていることをいい大人がやるか？

不倫をする男は男らしくない。卑怯である。吉川英治の『宮本武蔵』の主人公武蔵は理想の剣の道を目指すセルフコントロール力の塊である。その幼なじみの又八は婚約者がいるにも関わらずちょっと気を寄せられるとすぐになびいて女の尻を追ってしまう。武蔵と又八の男の品格の違いは天と地ほどの差がある。不倫するような男は又八程度の男なのだ。

岸恵子の『30年の物語』の中の「追悼」鶴田浩二は、肥やしの中に落ちた岸恵子を助け抱き上げて慌てて次のようにいう。「さ、君から先に離れてくれ、おれ、君がとても大事なんだ。大事にしたいんだ」結婚もしないのにすぐに体の関係を持つ男は卑怯だし、それを許す女は愚か者であるとどこかで読んだが、本当に愛していたら、大切にする。同棲が流行った世代が老境を迎え、またしても不倫騒ぎが巻き起こる。辛抱我慢のできない大人が増えてしまったということか。「結婚したかったらまずは家を建てるまで3年待ちなさい」と『若草物語』の中の母が長女の交際相手に言う。結婚するということはやがて子どもが生まれ、育てる家が必要なのだからと。女が自分の命をかけて子どもを生むのだから男は家くらい建ててその環境を整えなさいと。新しい命を生み育てることへの畏敬、責任、自覚が失われ、快楽追求優先となったら、未来からしっぺ返しが来るのではないか。今や親に紹介する前に同棲したり、結婚していながら不倫したり、その当事者以外は不愉快としか言いようがない事態である。乱婚状態は人間の進化とは真逆であろう。

6　これまで築いてきた信用、歴史すべてを壊す
陽のあたる場所からの撤退

イタリア映画「幸せのバランス」では夫の浮気が発覚して夫は家を出るも、給料の71％は家族の生活費や家、車のローンがあるので、まともな家を借りられず、転々としてホームレス状態になる。自殺寸前に娘と妻からの連絡が来てもとの生活に戻る予感をさせて映画は終わる。不倫を実行してしまうような人が誠意を示すとは思えないが、この夫は罪もない妻や子どもの生活を守ることだけはやろうとする。日本やアメリカの映画で描かれる不倫男たちは反省も誠意もなく家庭を壊し、次々と死の灰でまわりを不幸にしていくのに。無理して余計働き、体もぼろぼろになって、フラフラと市電に飛び込みそうなところを娘と妻に救われる。罪の意識から、陽のあたる

場所から撤退していく侘しさを描いている。

近頃は不倫を恥ずべきものとも考えず、開き直って文化であるなどと勝手なことをいい、その陰で悲しい思いをする元の家族への思いやりもなく、日向に出てこようとしている傍若無人もいるけれど。かつては不倫で結ばれた二人は日陰者となって寂しく二人だけの自己満足に生きていくものだった。いくらか道徳心を持っているならば。

岡倉天心は『茶の本』の中で、「原始時代の人間は乙女にはじめて花輪を捧げたとき、その獣性から脱却した。人はそのようにして自然界のありのままの状態を超えて人間らしくなったのである」と書いていたが、自分自身が不倫しているのでそれを言う資格をなくした。また獣性に戻ったのである。

7　未来がない　人たるものが動物に堕す

積み重ねてきた過去を失うということは未来をも失うということ。映画「ブルージャスミン」では、夫の浮気が発覚してジャスミンは直ちにＦＢＩに夫の怪しげな仕事について連絡し夫は刑務所に送られ、その中で自殺する。息子は進学をあきらめ場末のレコード屋の店員となる。ジャスミンは心の病となり、妹の家に転がり込み、また金持ちの玉の輿を狙いあちこちトライするが、バレてまた元の木阿弥、心の病を抱えて放浪するかのようなエンディング。不倫したとしても今後の生活は保証すると確約する夫に対して直ちに復讐をしていく気持ちはわからないでもない。しかし家族全員を路頭に迷わすのは賢明ではない。過去も未来も捨て去るのは動物となった夫だけでよいではないか。

映画「ゴーンガール」でも、夫の浮気を罰するために自分が殺されたかのように偽装し姿を隠す。夫は殺人犯とされかかるが、TVで妻を愛している、浮気をした自分を恥じていると訴えたことで世間の非難を同情に変える。その場面を見た妻はせっかく助けてくれた元恋人との逃避行を止めてその元恋人を殺し、まるでその人に拉致されたように装って帰宅する。しかし、夫の心は変わっていなかった。世間の非難をかわすためだけだった。もうこうなったら良き夫婦を装うために子どもを産もうと妻は提案する。子どもは不倫の一番の被害者なのに。この場合子どもがいなかったことが救いなのに、今度は夫婦として偽装するために子どもを産もうとはひどすぎる。愛の象徴が子どもであるのに愛を偽装するために子どもを利用するとは天に唾するとしか思えない。

「推定無罪」という映画も職場不倫をテーマにして妻の復讐を描い

ている。不倫相手を夫が犯人であるような殺し方をしておくが、絶対に犯人であると確定できず、夫は推定無罪を言い渡される。妻が真犯人であると知った夫は子どものために黙っておくことを選ぶ。

アジアには「天網恢恢疎にして漏らさず」という格言があり、悪事は必ずバレて天罰を受けるので、自ら手を汚し復讐する必要はないと考える人が多いと思う。悪事を実行してしまった時点でその人はそれまでの信頼関係や愛情、尊敬を失い、これからずっと未来に渡って家族や職場、社会での信頼や愛情、尊敬は得ることはできないのだから。不倫という動物の所業によって未来をも失っているのだから。不倫された側がわざわざ手を汚す必要はない。一刻もはやく立ち去るのみである。「人を呪わば穴二つ」恨んだり復讐を考えたりするだけ無駄である。獣道を歩むのは当事者たちだけでいい。不倫をした時点でもはやいつ死んでも悲しむ人は不倫相手だけでしかない存在となってしまったのだから。誰も悲しむ人はいない。伴侶をなくして悲しみ続けることからは離脱している。子どもたちには少しでも早くこの現場から遠ざけ、忘れさるよう配慮しよう。

二　女たち千年の孤独　書物に記される女たちの孤独

1　『万葉集』妻がいてさらに娶るものは徒刑一年に処す

『万葉集』大友家持が部下を教え諭した事例がある。「妻がいて更に娶るものは徒刑1年に処す。女の方は杖うち百を加えて追放せよ」とあるように家族に関しては法を立てる根本であり、道理を踏み行わせる源であるから、古い妻を忘れて新しい妻を可愛がるなど義夫の道とは言えない（4106）ましてや「結婚したときは貧しかったのに、妻を娶ってから豊かになった」のであれば離縁してはいけないと「戸令」にもあるではないかと。徒刑とは重罪人を島に送って労役に服させた刑だという。「遠く離れて都で待ちわびているあなたの妻の気持ちを寂しくさせてあなたは浮かれ女と親しみ心深く迷ってしまっている。里の人たちの見る目が恥ずかしいことよ、浮かれ女に迷っているあなたを後ろ指差すであろうよ」と。さらに「紅は移ろうものそ、つるはみの馴れにし衣になおしかめやも」と紅花（遊女の比喩）とつるはみ（ドングリのみで染めた渋い色）の色にたとえて紅花は華やかだろうけれどすぐ色褪せるもの、地味なつるはみ色に染めた衣にどうして及ぶことがあろうと諭している。

最近は『糟糠の妻はなぜ捨てられるのか』などと衝撃的な題名の書籍まで出て、不倫を煽っているような世相である。かつて私達の先人たちはかくも健全なる倫理観を持っていたというのに、成功したからとて不倫まで許されるような風潮では人類は善き方向に向かっていると思えない。千年経って女性たちは未だ孤独を味合わなければならないのだろうか。

2　『蜻蛉日記』嘆きつつ一人寝る夜の明くる間は

たいそうな美人で和歌もうまくプライドも高い藤原道綱の母と呼ばれる人が書いたこの日記は不倫される側の辛さをとことん書き残している。それに対して解説者たちはいつまでも藤原兼家にあまい。バラも桜もすみれもどれも愛でて何が悪かろうと女性の解説者が開き直っている。世の中にたくさんある古い物語をのぞいてみるとどれもこれもきれいごとで嘘ばかり、そんなものでさえ面白がられるなら、私の身の上の真実を語ってみようと書き始めた著者に対して非情である。千年の間道綱母の心の苦しさを分かち合ってはくれる人はいないのか。本書では、21年に渡る苦闘の記録を次世代に繰り返させないための貴重な書として読んでいきたい。そもそも一夫多妻を許している社会が自然に対する冒涜である。男も女もほぼ同じ数いて、身分が高いからとかお金があるから妻を複数持って良いなど人間として美しい行為とは言い難い。道綱母も第二夫人とわかっていながら位高き夫と結婚した。当時三晩続けて通ったら正式な結婚ということで、その結婚が長く続くことを願って妻の父母は夫となる男の靴を片方ずつ抱いて寝たという。女の側の祈るような思いにもかかわらず、夫兼家は第三夫人を作り、第一夫人とは三男二女をもうける。粋な歌を送り合い、仲睦まじいときもあったが、総じてハラハラする不安なときばかりで気の休まるときのないやりきれない日々を過ごしてきた記録である。ひとたび妻を持った身の上で別の女性に心迷うなど義夫の道とはいえないと万葉集でたしなめられていたのに。

第二夫人であることは承知の上で結婚したのだが、第三夫人を作られて初めて不倫されるものの苦しみを理解する。自分自身が第一夫人をこのように寂しく苦しめてきたのかと。人を裏切る人は反省もしなければ後悔もしない。しゃあしゃあと次の愛人を作り子どもを産ませている。この時代の貴族たちはお風呂にもめったに入らなかったと樋口清之は書いているが、日本の清き明き心には程遠い浅ましさである。妻に対して愛とリスペクトがあれば不倫なんて実行できない。夫の不倫が妻の心を傷つけ、生涯、生きていてもいるかいないかわからないかげろうのような身の上と嘆きつつ生きるのは人生がもったいない。この時代は仕方がなかったにしても、現代に生きる私たちは何があってもあきらめずに次へと進む方策を考えよう。

3　『独考』只野真葛

昔より今に至るまで妾のために家の災い起こるも珍しからず

只野真葛は1763年江戸日本橋、仙台藩医工藤平助の娘として生まれた。平助は田沼意次とも親しく、『赤蝦夷風説考』を著し海外への視線を促した。開明的な父親であったが、漢文も仏教も儒教も学ぶことを止められ、その分自分の心のままに感じることを書き残した。曲亭馬琴に出版の依頼をするも生意気と思われてかついに出版されることなく寂しく世を去った。しかし、仏教の影響も儒教の影響も受けずに世の中を見回して変だと感じていた女性の言は現代にあっても示唆的である。

「例えば、儒教のあらましは人の心に締まりがあれば取扱し易いから、しめ縄をかけて人を導く仕方である。しかしそんなことは鼻にもかけない悪者たちが勝手次第に働くときは心にしめ縄をかけられたほうが常に損をする。

昔から今に至るまで、妾のために家に災いの起こることが珍しくない。誰もが疑問にも思わないでいるようだが、ゲス女のために、心清らかな人の心を悩ますというのはいったいなぜなのかと知りたいと思っていた。ある時『古事記』を読んでみて初めてわかった。（なりあまれりという男）（なり足らぬは女）と書かれていたら、常の心に（あまれり）という男に（足らず）と思われている女が勝てるだろうか。このような書があるせいで女は男のためにあるもので女のために男があるのではないと考えてしまう。

昔は国を争い、土地を争って世が乱れたが、今は金銀を争う心の乱世となり、人の心は目にも見えず、音もないので、誰も気が付かない。金を主とし身を奴となして世を渡る町人のもとには金が集まって絶えない。武士はしかたなく金を持つ町人のもとに頼って言葉を尽くし頭を下げて金を借り受け、世を渡る手立てをなせば、利息を取られるだけでなく彼らに卑しめられている。これは無念である。

このような時代に心清らかに金は汚いものと教えられ我慢に我慢を重ねる人は、金が全てと思う者達からバカにされ、損をするばかりである。特に町人から妾となる女たちは心の縛りもないからわがままをする気満々で、家の災いをなんとも思わずにいるのである」

江戸時代にこれだけのことを考えている女性がいた。当時出版されなかったのは残念である。江戸時代末期は親がどんなに理不尽でも親孝行せねばならないなどと無理が通れば道理が引っ込む状態で時代の末期症状を表していた。現代も、不倫を擁護してはばからず、むしろ奨励するようなマスコミの様子は時代の末期症状を表すのかもしれない。最近、芸能人の不倫報道が厳しい論調になってきたのは少し健全になってきたということか。

4　『日本婦人論』福沢諭吉
『女大学』の作者は男のために便利なる工夫のみをめぐらし女の不便には少しも頓着していない

明治初期『学問のすすめ』は一世を風靡し、それまで西洋の知識はほとんど知らされてなかったから、青年たちが貪るように読んだという。福沢は新しい世にしていくために女たちにも新しい生き方をしてほしいと願ってまず『女大学』を批判している。

『女大学』は貝原益軒作とされているが、著者成立年代ともに未詳、江戸中期以後広く流布したとされている。有名な「婦人には三従の道がある：父の家にいては父に従い、夫の家にいては夫に従い、夫が死んでからは子供に従うべき。幼児から死ぬまでわがままなことを行ってはいけない。また婦人には七去といって、七つの戒めがあり、一つでもあったら夫は離縁して良いと。女子は小さなときから早く良い道を教え悪い行いを戒め、習慣にならないようにしなければ」このような書物が片面は美しい絵で、原文、解説で出版されたら、女の子たちはどれほどの孤独感を味わうだろう。まるで奴隷の教えである。およそ200年の間異を唱える人はいなかったし、福沢諭吉が『新女大学』を出すまで疑うことなく女の道と信じられていた。貝原益軒（1630～1713）よりおよそ30年後に生まれた荻生徂徠（1666～1728）は人はあしらわれようによってよくも悪くもなるものだから愚か者扱いしてはならないと『政談』に書いてあるのに。

福沢は「その作者、翻訳者は皆男で、男のためにのみ便利なる工夫をめぐらして、女の不便には少しも頓着することなく思うさまに教えを定めたものにすぎない。無情も甚だしい。婦人にばかり厳しく打ってかかり、男子の方を無罪放免にすることこそ奇怪である。男子だけは公に不品行を犯して人に隠しもせず、妾を召し抱え、またこれを取り替え、容易に妻を娶り、簡単に離縁するなど勝手し放題。封建の時代に先祖の家筋を大切にして無理に男子の相続を作りこのために婦人を無きものにする風俗は今より後、除き去るべきである。相互に親愛し、相互に尊敬することこそ人間の本分であろう。日本の婦人は婚姻の契約を無視され、夫妻対等の権利を剥奪され、常に圧政のもとに匍匐して男子に侮辱されてきてその心中はどれほどに孤独であろうか」と憤る。

また、その100年後、林望によって「福沢諭吉　女大学評論　新女大学」が再刊されたのはなにゆえだろうか。林望いわく「戦後は男女平等の世の中になったような幻想があって福沢のこの書も歴史的使命を終えたもののごとく誤解されていたのかもしれない。福沢の論難したような男女の差別は制度の上では無くなったようにみえるけれどその奥深いところ、人々の心のなかでは、いまだ清算しおおせたとは言い難い」それゆえ『新女大学』を再刊すると2001年に出している。この百年果たして進歩はあったのかと。

5　『人間精神進歩史』コンドルセ
男女の不平等の起源は力の濫用以外何ものでもない

フランス革命のさなか、『公教育論』を書き中心的役割を果たしながらも徐々に先鋭化してきた政府から逃れて隠れながら書いた本書は啓蒙思想の遺書とも言われているそうだ。いよいよ逮捕され牢獄の中で自殺したコンドルセの女性への思いは今につながっているだろうか。

「人間精神の進歩のうちで最も大切な一つは男女間の平等である。これを不平等にしておくことはそれによって利得を得ている人たちにとっても悲しむべきものなのに。人間の身体的差異の上から、あるいは人間の知性の力や道徳的感性のうちに権利の不平等を正当化しようとする人がいる。男女間の不平等の起源は力の濫用以外の何物でもなく、その後は詭弁によってこれを弁解しようとしてきたのである。偏見によって権威づけられた慣習や、偏見によって強制された法律を打破することがいかに家庭の幸福を増進することか。男女の不平等を是正することはすべての徳の第一基底たる家庭道徳を普遍化することに貢献する。」およそ200年前の言葉であるが、子どもたちを育てる一番の教育の場は家庭であり、そこで子どもたちは人間らしい心、正義感、想像力、創造力、共感力を養って学校へ、社会へと出ていくのである。社会の基本単位である子どもたちの育ちの場がお互いを尊重し合う場でなくてどうやって誇らしい気高い人間性を育てることができるのかと。家庭こそ、愛し合い、理解し合い、尊敬し合う人間らしい行いを体全体で受け止め、感じ取り、学んでいく場である。次の世代が更に幸せになっていくための根本なのである。

不倫は愛とリスペクトがあれば起きるはずもない。相手を尊敬していない、あるいは片方が傲慢な力の濫用としてたくさん稼いでいるから許されると勘違いしているとしか考えられない。不平等をそのままにしておくとこのような勘違い男が世に死の灰を撒き散らす。

6 『Out of Africa』アイザック・ディネーセン
女を尊敬し、処女性を尊ぶ気持ちは？

デンマーク人女性である著者はアフリカに農園を持ち、様々な人に会い、農園経営に四苦八苦し、地元のキクユ族への同情を書き綴る。白人たちが土地を奪うことはこの素朴な人々の過去、伝統をも奪い去ることになると警告しながら。

「地元の結婚前の娘達は一人前の娘となる儀式の辛さをすべてまじめに誇り高く耐え抜く。そしてこんなことを言う。ヨーロッパでは娘をただで夫にくれてやる国があるそうだけど、本当ですか？それに娘を嫁にやるのに、婿側に金を渡すほど堕落した階級があると聞きましたが、どう考えてもわからない。両親も両親なら、そんな扱いを平気でさせている娘の方もあきれる。自尊心というものを持たないのですか？女を尊敬する気持ち、処女性を尊ぶ気持ちはないのですか？もしそんなひどい部族に生まれあわせたら、未婚のまま死んだほうがマシですとアフリカの女たちはいう」と。

コロンブスの新大陸発見を契機に16世紀になされた征服と布教についてイタリアのブルーノは1600年火あぶりになる前に書き残している。「旧大陸の航海者や征服者が新大陸で行ったことは他者の平和を乱すことであり、地域に固有の宗教を侵害することであり、自然が賢明に分離していたものをごちゃまぜにすることであり、交易によって悪徳を輸出することであり、暴力によって新しい狂気を植え付けることであり、専制や暗殺の新しい欲望と手段を示すことである」地球規模で西洋の流儀が世界をまだまだ席巻している時に、失われつつある伝統や価値観を思い起こしてみることは、若い世代の幸せのためにも必要なのではないだろうか。力のあるものが力の弱いものを蹂躙していく流れはまだ変わっていないし、そこに不倫を罪悪視しない奇妙な詭弁を弄する映画、マスコミの圧倒的な流れが同調している。弱肉強食の文化を世界中にまき散らしているのではないか。

少なくとも男尊女卑を当たり前としていては、そもそも女性に対する敬意を持たないので伴侶に対して失礼とは感じずにやりたい放題をする男を放置していることになる。少なくともお互いを尊敬しあっているならば、婚姻中に別の女と付き合おうなど自分自身の良心に照らしてできない。

三　不倫って何？

1　不倫の多い職場？病院と学校が一番多い？
共犯者としての愚痴と連帯

インターネットで不倫を検索すると最も多いのは病院や学校だと出てくる。病院や学校の先生方はかつて聖職と言われ、尊敬されてきたものだが、どういうわけか尊敬度が低くなっているように感じる。先生に対して尊敬語どころか友達のような話しぶりである。かつて福沢諭吉は「全て心を使う仕事は尊い」と書いていた。単に物や知識を売るのではなく、心をもって一人ひとりに配慮してこそ病が癒える、学ぶスイッチが入る。そんな職場だったはずがいつの間にか不倫がはびこっているという。聖なる職場というより性欲の職場になってしまっているのは情けない。緊張と神経をすり減らす職場ゆえの愚痴と連帯感から次第に親密な関係になっていくのだそうだ。もしも次世代を教え導く責任感と喜びがあったなら愚痴を言う暇はない。もしも病み衰えている人を助け癒す責任と喜びがあるなら、愚痴を言う暇はないはず。学校と病院は今や初期の目的から逸脱し、真の学びの場、癒やしの場とはなっていないのかもしれない。商業主義の場となっていることへの共犯者としての連帯感がコソコソと隠れてする不倫をはびこらせているのかもしれない。学校や病院で働く人たちの一握りの人々の所業なのだろうけれど。不倫映画などの影響からか皆がしているように感じるらしいが、実はアメリカでは不倫実行者は中年男性の２．８％にすぎないと書いているものもある。

2　中年期の危機とは？
思春期の再来、第2の子ども期、無責任と性欲追求

『Men in Midlife Crisis』によると、アルコールや身体的、性的虐待のある家庭で育った子どもは中年期の危機に陥りやすい。母親が現実的にいても精神的に見捨てられてきた男の子は父親とも絆を作れず、人生の問題について語り合う方法を知らない。暖かなケアをしてくれない母親の代償として少年たちは父親を求めるが、たいていは仕事が忙しいとか、自分がアクティブに動くために子どもたちと関わろうとしない父親から同じようにすることを学ぶ。そのような家庭で生き延びた少年たちは中年期の危機に直面する。愛や肯定、温かみ、励ましのない家は人を道徳的に堕落させる。子ども時代の情緒的欠乏は中年期の病理の重要なリスク要因だという。

まるで思春期が再来したかのように怒りや悩み、鬱屈感に囚われ、もう若くはないと悩み焦る。趣味やバイクやスポーツカーで発散して乗り切る人たちがいる一方で、無責任にも性欲追求に走ってしまう中年たちがいる。もはや若気のいたりと見逃すことはできない。

フランスでは、不倫は「真昼の悪魔」と呼ぶそうで、ドイツでは「閉じかかっているドアへのパニック」と呼ぶそうである。いずれにしても中年期の迷い、真昼に現れた悪魔に身を売るに等しい愚かなこと。閉じかけたドアへ向かって突進している無様な様子をいう。

恋は若者のものである。中年期にふさわしい人格の陶冶からの逸脱は情けない。

3　妻子がいるのを承知で付き合うような女とは？
親との心の絆弱く未熟な心理

中年期の危機に陥っているような男は心の空洞を埋めるために注意深く解決の方法を探すようなことはなく、手軽に声をかけられる同じような心に空洞を持つ女性を求める。それ故職場不倫が多くなる。同じような心配事やストレスを分かち合うにも便利だから。

分別ある女性であれば妻子のいる男性に近づいたりしないが、幼少期に何らかの問題を抱えている女性は両親との心の絆が弱く、セルフイメージが低く、未熟な心理を抱えているため、妻子があるのを承知で深い関係に入っていく。妻子ある男性との関係は克服できないハンディキャップとの戦いになるのは目に見えているのに。

結婚というシステムが健やかな次世代を育てるための社会的シス

テムであるのはどこの民族でも社会でも当然のことである。生きとし生けるものの使命として次の世代を生み育てる。特に人間社会は高度な文明を築いてきているので、その文化的社会的遺産の継承には少々時間が掛かるし、繊細な心を育てることが最も難しくかつ大いなる可能性を広げることでもある。人の心は目に見えないが、両親の暖かな態度が子どもたちの良心をも育てる。このことを自覚していない人たちの破壊的衝動は死の灰のように子孫や社会を蝕む。世の中の害毒以外の何物でもない。

4　マザコンとファザコンが不倫する、いい男やいい女は不倫などしない

中野信子『不倫』の中で、不倫遺伝子というのがあり、人類から不倫を追放することはできないと書く。不倫するような人は独善的な利己的な人が多く、早死の傾向があるそうだ。当人たち以外誰も幸せにすることがなく、家族の苦しみや子孫たちへの悪影響を考えたら仕方がないでは済まされないだろう。むしろ人類の幸せ度を上げていくためには不倫撲滅の啓蒙活動をするのが知識人たる努めではないだろうか。残酷な動物実験をして動物がこうだから人間にも言えるかもなんていう学問よりも、人がよりよく生きるための道標となるような学問の場こそ必要だろう。

幼児期の愛着形成がその後の人生を大きく左右すると言うなら、

母の愛を十分に得られなかった男と父親の愛を十分に得られなかった女は生涯に渡って、愛の放浪者となり、アルコールにのめり込んだり、不倫をして家族を悲しみのどん底に突き落としたりして迷惑をかける。ということは子育ての時間は責任重大である。母親が安心して子どもたちを慈しみ育てることができるように、父親は経済的にも精神的にも妻を安心させ、大切にするものだろう。不倫はその本人だけでなく、背後にも責任があるのかもしれない。

そもそも心ある人は不倫などしないものである。心の知能指数が低いと自ら証明しているようなものである。

四　不倫はどう乗り越えるか？

1　思春期はやり過ごす、不倫は乗り越える

疾風怒濤の思春期は親子にとって親離れ子離れの大事な時期で、神様がそれぞれ違う人間なのだと悟らせてくれる時間だ。子どもが反抗期に入るとあんなに素直で良い子だったのになぜ？と親は悲嘆に暮れる。だが必ず嵐は収まり、2，3年するととても優しい息子に戻っていたりする。その嵐をどうやり過ごすかが親の辛いところである。嵐の収まるのを待つように淡々と日々を過ごしていれば、必ず、本人自身若気の至りと気づく時が来る。そして静かに穏やかな日々が戻る。成長の過程で、大人への架け橋を渡っているところなのだ。親もこの人は別の人格なのだと我が身に言い聞かせる時間なのだ。

だが、不倫は全く別である。いつか死が二人を分かつまで共に病

めるときも貧しいときも喜びも悲しみも分かち合うことを誓った。大人同士の契約なのだ。若者が成長するのとは逆に大人が道徳心を失い、進歩の逆の退歩を目のあたりにするのは辛いことである。失うものがない若者と違って、中年までに積み上げてきた信用をぶち壊す出来事である。本人たちにしか説明できない、まわりの者にとっては理解不能、恥ずかしい話である。これはじっとやり過ごす訳にはいかない。不倫の橋を渡ってしまった人は嘘を付くのが上手になり、それはどんどん加速する。本人たちだけの秘密の世界の幸せはまわりの人間にとっては全く迷惑以外の何物でもない。乗り越えるしかない。愛があったら絶対できないことなので、愛がないと覚悟を決め、次のステップを考えて乗り越えるしかない。まだ若く仕事を持つ人ならすぐに別れて人生をやり直すことができる。子どもたちが小さければそっと実家に帰り、協力を仰ぎ子どもたちを守る。

少しでも早く手を打つ。実家に頼れなければ、なにかライセンスを取るまではじっと耐えて子どもたちを守る。ならぬ堪忍するが堪忍、死ぬほど辛くても死んだ気になれば何でもできる。子どもたちの経済的基盤を壊してはいけない。妻を愛さなくても子どもだけは愛しているかもしれない。父親としての責務を果たさせる。感情に流されて子どもたちの経済的基盤や精神的支えを失わせてはいけない。片親の子どもは経済的にも精神的にも大きなハンデを背負うことになるのだから。結婚してすでに何十年、子どもたちも成人しているが、専業主婦だったりした場合、仕事につくことができない。結婚費用を請求して老後に困らないようにしてから静かに別れるか、とりあえず別居してそれぞれの生き方を尊重していく。しかし不倫など実行してしまう人だから誠実に結婚費用を出すとは考えられない。また、不倫などするような人は佳人ではないから、佳人薄命ではなく、長生きしそうでもあり、その人の介護をやれるだろうか。一度きりの人生をどう始末をつけるか。社会の安定性を保つためには感情になど目を向けず、子どもたちの心の安定のためにその結婚生活を維持するか。アランの『幸福について』の中でも結婚生活は意志によって作られ、かつ維持される。嵐を静めて結婚をよく保存しようと誓約するのであると。結婚という制度は子どもたちとその未来を守るためにあるのだから感情に揺らされずに淡々と維持していくものなのかもしれない。こうしてこれまでの女性たちは心の空洞を一人抱きしめながら耐えてきたのかもしれない。

だが、新しい時代は新たな一歩を踏み出すことも可能なのかもしれない。不誠実な夫に愛想を尽かして、若いときは馬鹿だったからこんな男を選んでしまったのだと合点して新しい人と人生を始めることもできるのかもしれない。「人生はシネマティック」という映画の女主人公は若いときに夢中になってしまった。結婚指輪さえ自分で買ったが、生活が苦しくなったら故郷へ帰れという男の薄情さにようやく気づいた。そして本当にわかり合える人に出会う。人生はなかなか思い通りにはならない。親子は選べないけれど、夫婦はお互い選んだはずなのに。男は愛がなくても結婚してしまうという生き物だということに女性たちは気づくべきなのかもしれない。そして何よりも賢く心優しい子どもたちを育てるべき家庭の根幹が崩れてしまった場合、母はなよなよと愚痴り嘆いていてはいけない。敢然とそういう男との縁を切り新しい人生に歩みだす姿を子どもたちに見せたいものだ。稼いでくるんだから、何をしてもよいでは済まされないだろう。人間には愛が必要だ。ただ餌をやっていればよいのではない。それでは家畜だ。愛あればこそ、どんな苦労も乗り越えるものだが、愛がなければ、どんなに金があっても心に冷たい風が吹く。年を取ってこんな目に合うと一気に認知が進んでしまう。人間の心には愛が必要だ。子どもたちには何があっても強く生きること、人生まだまだこれからだと示したい。山本兼一の『花鳥の夢』の中で加納永徳の新婚時代の心を次のように描いている。「自分を心の底から頼り切っている女がこの世にいるということが生きる力を湧かせてくれるということを永徳は初めて知った。遊び女と戯れるのと訳が違う。世の人間が貧富を問わず夫婦になるのはこういう冥加があるからかと思った。つまらぬ女と見下した高慢さを恥じた」子育てをしているときにまわりの大人を100％信じてくれる我が子に勇気元気百倍の思いをもらったように、人が人を信じる幸せの根源が夫婦の関係だと知る場面である。信じてもらうというのは百人力のパワーをくれる。不倫をするような人はこの信頼の原体験を知らないから、人を信じることもないし、信じられる幸せを感じ取ることもないのだろう。いくら待っても変わらないのかもしれない。だとしたら、早く新しい人生を始める準備をせねば。

黒川伊代子さんの本の中に「母と喧嘩したときに父親はこの家は母さんを幸せにするための家なのだから母さんを泣かせた時点で君のほうがアウトと言われた」とあった。なんと愛妻家の素晴らしい父親に恵まれたことか。こんな親のもとでこそ素晴らしい才能がのびのび育つのかと感服した。結婚は次世代を健やかに育て上げる文化装置だが、そこには愛とリスペクトがなければ。家庭の幸せは父親次第とどこかで読んだ。父親が母親を愛し大切にしていれば、母親は満ち足りて子どもたちを愛し、子どもたちは安心してのびのびと生まれ持った才能をまっすぐに伸ばしていくと。この最初の基底が崩れてしまったところに家庭本来の機能は発揮し得ない。むしろ子どもたちの心を乱し不幸の再生産をしていくばかりである。一刻も早く立ち去り、不倫をするような男の存在を忘れさせてあげることがせめてもの母親としての責任なのかもしれない。家庭の根幹である夫婦の信頼が壊れたときは子どもたちの人間信頼にも傷をつける。なんとしても不幸の再生産をしないために母は毅然と不誠実な人間からは離れて新しい人生をやり直すときと覚悟すべし。

不倫を知ったら、まずその相手をしかと確かめるべきだった。一人でくよくよ考えているのがバカバカしいほど容貌も悪く頭の悪そうな女であることが多いそうである。なぜこれほどの人に洗脳されてしまうのか誰もが理解に苦しむ。子育てに真剣に取り組んできた純なお父さんは簡単に落とせるのかもしれない。こんな人に家庭を壊されてたまるかと覚悟を決められる。まず会いに行って張り倒してくるのが早いのかもしれない。平成生まれの若い人は今度浮気したら別れるかどうかを決めるのも私、いつどのように別れるかを決めるのも私と宣言して、直ちに不倫をやめさせたという人もいる。とにかく一人でくよくよしない。まずは会いに行って勝負してくるべきなのかもしれない。

永井荷風は33歳の時に親の勧めで材木商の娘と結婚したが、結婚翌年に父親が亡くなると妻と別れ、親戚の反対を押し切って新橋の芸妓八重と結婚する。だが、派手な女性関係をやめない夫に腹を立て、結婚1年にして家を出る。「まるで私を二束三文にふみくだし、どこのカボチャ娘か大根女郎でも拾ってきたかのようにご飯さえ食べさせておけばよいと。見下されて、長居はかえってお邪魔」と置手紙を置いて。さっさと別れた後は有名な舞踏家として長く活躍したという。腐ったミカンはなるべく早く廃棄するべきなのかもしれない。いつまでも悩んでいてもただ時間の浪費にしかならない。少しでも早く自分らしい生き方を取り戻すべきなのかもしれない。

福沢諭吉は夫婦の親愛恭敬こそが天下万世百徳の大本、一夫一婦偕老同穴を最上の倫理と認め、これに背くものは人外の動物として排斥すべきと説く。道徳の大本の根が夫婦の信頼関係、信義誠実にある、そこが腐っていたらすべてがひっくり返ってしまう。終わりよければすべてよしというけれど、その逆の終わり悪ければ、すべてが疑わしくなってくる。全身全霊で尽くしてきた妻に対して冷酷な仕打ちをするような男と人生の残り時間を分かち合うのは恐ろしい。あのような女を選ぶという美意識なのだとしたら、妻の良さには死んでも気づかないということだ。もしも発覚していなかったら永遠に秘密で密会を続けるような人とこれからも信じあうことができるだろうか。やはり、夫婦の信義誠実は家族の信義誠実を育て、それがやがて社会の信義誠実に広がっていく。その逆はあまりに痛ましい。愛のない人の側で暮らすよりは一人のほうがはるかに自分らしく生きられる。いじめにしても不倫にしても最大の復讐はその人達よりもこちらが幸せになること。そんな人のために死んではいけない。悩んだり、苦しんだり、悲しんだりするのももったいない。はるかに幸せになることだけ考えて乗り越えよう。

むしろ伴侶の真実の姿に気づかせてくれたと感謝して、気づかぬふりをしながら、仕事の準備をしよう。自分自身を磨き、万事用意が整ったらおもむろに別れを告げるのが一番スマートかもしれない。それまでは感情に流されて早まってはいけない。そんな馬鹿な男や女のために悩んだり苦しんだりしているとこちらが病気になってしまう。悪いことを平気でするような人たちは佳人薄命ではない。とにかくこれから最強の自分を作るミッションが下ったと覚悟してより幸せになる算段をする。何か資格を取る。バージョンアップしてから自立しよう。心のきれいな子ほどいじめられる。自分や実家のことなどは二の次にして尽くし続けるような妻は不倫される。とんでもない自己愛型社会になってきたが、そんな社会に翻弄されてはたまらない。強く生きよう。

2　スピード違反も罰則があればこそ気をつける、家族を解体させるような女に罰則を

不倫をするような人たちは幼少期に気の毒なトラウマがあるのかもしれないが、社会全体が不倫を大目に見るような風潮であると家族の解体が進んでしまう。その解体の一番の被害者は子どもたちであり、社会の未来である。一番信じあって暮らす家族が最も信用できない人だとわかった場合、子どもたちの失望は大きい。妻子がいることをわかっていて平気で近づくような悪女が最近増えていてむしろ男をコントロールして妻を攻撃させているというインターネットの情報もある。最近の若い女は高学歴よりもむしろ育ちの良い男を選ぶという。素直で人を疑うことを知らないから。命を産み育てる女性は道徳心が高い人が多いというが、このような悪意の女が増

えてきているとしたら、社会の存続の危機が迫っているのかもしれない。

家族の解体はその当事者たちだけでなく、子どもたち、次の世代へと死の灰をもたらす。罰則を与えて、給料の3分の一は慰謝料として相手方家族に払うとか、昔の所払いとまではいかなくとも左遷とか、厳重な罰則を定めるべきである。敢然と未来社会の清浄さを守っていく措置が必要である。

3　社会の乱婚状態を放置するのは文明国とは言い難い。ユリウス姦通罪婚外交渉罪法

中野信子『不倫』では、不倫遺伝子もあるし、不倫をなくそうというのが無理だなどと書く。シングルマザー、シングルファザーを応援する形で良いのではなどと現状を肯定どころかさらに煽るような言説を述べていて教養人、専門家としての責任を果たしていない。北欧を理想化するようなことを述べているが、例えばスウェーデンの子どもたちのいじめや自殺、犯罪発生率の多さについてはどうだろう。不倫を欲するものは仕方がないなどと子どもたちの心や未来に対する配慮がなにもない。大人が乱婚状態で喜ぶ子どもはいるだろうか。少子化を止めるためにも不倫での婚外子を認めようとか言うが、不倫での結果として生まれる子どもの気持ちを考えたことが

あるだろうか。それに長期的にみたら、独善的利己的な不倫する者たちよりも、利他的な集団のほうが生き延びていく確率が高いと書いているのに。少子化への対策なら、まず父親の給料について家族を養える額を保証し、母が優しい気持ちで子育てに向かえるように父の労働時間を減らし、父親の誇りと人間的な生活時間を保証するべきだろう。そして敗戦後、自分さえ良ければ、今さえ良ければの風潮になってしまったことが一番弱い子どもや子育て中の女性にしわ寄せが来ていることに注目するべきだろう。女性が家を清潔に保つのは道徳心の涵養に必須なことだ。子どもたちの様子に配慮して栄養、教育など心を配る文化的ゆとりは人類が進化してきた証なのに、逆行させてはならない。子どもたちがせめて親の手を必要としない時期まで母親を子どもたちとの絆作りにそっとしておいてほしい。働くことは楽しいことだが、子どもたちをきちんと育てることこそが最も重要なことではないか。父親たちの給料を下げることや主婦攻撃、女性たちを仕事へと煽ること、不倫を煽ることは家庭を壊す元凶である。人類が少しずつ理想的社会へと向かうことに逆行している。

かつてローマ帝国の繁栄に陰りが指してきた頃、それまで10人位の子供を生み育てるのが当たり前だったのに、カエサルの頃は2、3人になり、アウグストゥスの時代になると結婚さえしない人が増えたという。アウグストゥスは「ユリウス姦通罪法」を成立させ、姦通を公的犯罪とみなし、それを知りながら何も手を打たない家族やまわりのものも「売春幇助罪」に問われるようにしたという。そして「婚外交渉罪法」によって正式婚姻関係以外のあらゆる性的関係も公的犯罪とみなされるようにした。「正式婚姻法」により、独身者や子を持たない者は社会面や税制面での不利に加え、キャリアの面でも不利にし、子を持つものの優遇が明記された。アウグストゥスは健全な国家は健全な家族の保護と育成なしには成り立たないと考えていたという。健全な社会を子どもたちにバトンタッチするためにも、いじめや不倫を一掃し、子どもを育てる親たちへの給料面、税制面での支援が必要である。

文明とは正義が実行されることである。弱い国を植民地化して収奪するのは文明国とは言い難いと喝破したのは西郷隆盛である。人種差別と植民地主義に反対して戦った唯一の国である日本の国で乱婚状態を放置するのは先人に対して恥ずかしい。

不倫によって一番被害を受ける子供たちはその思いを口にはしない。寿命が5年縮むほどの打撃を受けていながら、黙って耐え、将来にわたって、人間不信に悩むとしたら、その罪の重さを当事者に突きつけるべきではないだろうか。弁護士さんたちは時代に見合った正義の在り方を立法してほしい。いくら育ててもらうから泣き寝入りではなく、子どもたちの健やかな成長を保障する社会のための仕組みづくりを考えてほしいものだ。不倫などする父親を放置せず、その罪を暴き、若い人たちのために信義誠実を護る社会を実現してほしい。

4　女性の多い職場での社内教育の第1番目に共同不法行為について学ばせよ

ちょうど100年前もエレン・ケイが『児童の世紀』の中で、男たちの給料を下げて女たちを職場に引っ張り出すのは止めよと訴えていたが、主婦攻撃と女性たちを仕事に駆り出すマスコミの論調に疑問を提起したい。女性たちがこうした不倫で泣かないために経済的に自立するしかないと見定めている母娘は多いが、職場が不倫だらけではまた不幸を再生産することになる。せめて女性たちに罪深い不倫を始めてはならないと教育するべきではないだろうか。法律とはその時代の正義感の表現であるらしいが、弁護士さんたちも訴えを起こすことに躍起にならず、むしろ不法行為を起こさない社会を目指して予防的なセミナーをすることに注力してほしいものだ。

ドクターたちが病気にならない啓蒙活動をしているように、弁護士さんたちは学校や職場のいじめ、不倫防止のための教育セミナーを進めてほしい。コンプライアンスなどと騒いでいるよりも、各家庭を壊さないように共同不法行為を防止する教育活動を始めてほしい。「貧しい者の訴えは石に水をかけるがごとし、金持ちの訴えは水に石を投げるがごとし」と聖徳太子も書いていた。公害や不倫など、身も心も弱っている被害者の方が証拠をそろえて立証しなければならないというのは正義に反しているのではないだろうか。法律は時代の正義を表しているのだとしたら、そろそろ本当の正義の味方になってほしい。

5　心の絆をしっかりつなぐ子育てを！

結局いろいろ調べてみると、いじめにしても不倫にしてもその根は同じで、幼い頃に親と暖かな心の交流をしていない人はいじめや不倫、アルコール依存、薬物中毒などに走り、永遠の愛の放浪者となってしまうらしい。だから夫がアルコール依存であってもそれは妻が悪いのではなく、夫の母親たちの養育態度にある。面倒だとか、イヤイヤ子育てをしていると子どもたちはそれを感じ取る。子どもを支配するために愛を出し惜しむ輩もいる。そうなると子どもは愛の不在を感じ取り生涯に渡って愛の放浪者となってしまう。大人になって今度は自分が配偶者や子どもに愛を出し惜しむ。父母が二人してスマホに夢中で子供をほったらかしにしている様子を見ると心が痛む。子供はすべてを見ている。

4人の子どもを育てて一番感じたのは、子どもは言葉を獲得する前に全身ですべてを感じ取ろうとしているということ。その感じ取る能力は大人を遥かに超えている。子育てをしたことのある女性は人の感情を感じ取る能力が高くなっているというが、子育てからの学習であたり前のことだろう。逆に子どもたちが幼く全身でまわりの様子を感じ取っているときに愛と信頼で応えていくことが親としての最大の務めであり、独り立ちまでの幸せな時間を紡ぐことになる。鳥だってプリンティングの時期がある。人間らしい柔らかな心のひだを感じ取る時期を逃してはならない。ここで手を抜くと親にとっても子どもにとっても不幸の種をまくようなものである。それは子ども時代のいじめの加害者、思春期を迎えたときの迷い、アルコールや薬物への依存、中年になっての不倫などを導き、それがまた次の世代の不幸の呼び水となってしまう。親たるもの、その責任は大きい。親大好きでいてくれるときは短い。そのわずかな時間にしっかりと心の絆を結い上げることで親子の時間は幸せだし、成長して子供自身も自ら持てる力を発揮できる。老いて弱った時も子供の活躍を眺める幸せな時間を過ごせるというものだ。自己愛型社会の典型として岡田尊司はオランダを参考になるものがあるかと書いていた。しかし自己愛型社会の行き着く先は、娘6人を置いて家を出て行ってしまう父親や、5年も同棲した女性を捨てて乗り換えて後もまた若い女と結婚するという身勝手な男を増やすだけである。なんとしても各家庭で心ある子育てを実践して徳ある人間を育てていくしかない。

『ハウスワイフ2.0』はアメリカの女性たちがこれまで男と同じように仕事をして頑張ってきたが、むしろそのせいで起きた問題のほうが大きくなった事に気づき、女性たちがまた家庭に戻ろうとしている様子をリポートしたものである。しかし著者は万が一夫の不実が起こるといけないから自分自身の経済力だけは手放さずに家庭優先にしていこうと考えている。経済効率優先の社会では男女が真に信じあうことが難しくなり、結婚は人生の大きな賭けのような危険を伴う不安をも抱かせている。本当に信じるに値する人と良き家庭を作り子どもたちを健やかに育てたいのに、難しい時代である。命を慈しみ育てるはずの女性たちが流行に乗って遊ぶことばかり考えていたり、仕事に懸命で子どもたちの健やかな成長を二の次にしていたりだと、子どもの心を思いやる人がいない。女性の体はセンシティブだからストレスに弱く、母子の健康に共働きは決して良いとは言えない。子どもは理解されたいしささえられたい。自己愛ではなくまわりの人とできるだけ理解しあい、大切に思い合って暮らしたい。経済効率ばかり考えて、子どもの心をないがしろにしていると後でしっぺ返しが来る。利己的な人が増えてしまうとその社会の滅亡は早い。もちろん不遇な家庭で育っても立派に自分を磨いてなりたい自分になった人のほうが多いだろうけれど。人のせいにしないで自分自身で自分の人生を切り開いていくことが最も大切だが、まわりの大人をすべて信頼し委ねている子どもたちの信頼に答えてほしいと願う。

万が一人生の何処かで不倫に遭遇してしまった場合、不倫をするような人は人間の顔はしているが、心は人外、動物に成り下がってしまった人とあきらめて直ちに離れる算段をしよう。子どもを守るためにとその経済力にすがっていると子どもの心は汚され意欲を失くす。もしも経済力を固めるために少し猶予が必要であるならその旨子どもに話して準備の間だけ我慢してもらい、準備でき次第新しい生活を始めよう。人間だもの、善き人とともに信じ合い、愛し合い、尊敬しあって人生を分かち合いたい。人を信じられない社会は地獄だと吉川英治は書いている。地獄で一生を終えるなんてまっぴらである。天国の清涼感を求めて勇気を出して踏み出そう。

おわりに

最後まで読んでいただきありがとうございます。

不倫された悲しみはあなたのせいではないことに気づいて新しい生き方をしてほしいと書いてきたけれど、そうなると即離婚では家族の解体が進んでしまう。夫婦のつないできた年月、子どもたちが成長して作り出す新たな家庭への影響、片親では心細いという思いもあるだろう。親の都合で翻弄する訳にはいかない。それぞれの置かれた状況の中でどう選択していくのか、熟考が必要だ。親世代はすでに青春時代を経て子育てという経験をさせてもらってもはや人生の後半戦、いや最終章であるかもしれない。子どもたちこそこれからの時代の主役なのだから子どもたちにとって不利とならない選択をしていくのは親としての最後の務めともいえる。

かつて家庭の平安を守るために伴侶の不誠実にもじっと耐えてきた日本の女性たちは、不倫を浮気と呼び、見てみないふりをしてきた。結婚して必死に子育てしてきたのは子どもたちに立派な生き様を間近に見せていくことだった。そしてさらに立派な人間になってほしいと願ってこれまで生きてきた。人生の伴侶を裏切るような人の側にいたら、清らかなエネルギーは汚され、エネルギーを吸い取られ、病気や怪我、うつ状態など、心身ともに傷ついていく。心が傷つくだけでなく、身体にまで被害が及ぶ。それを強靭な精神力で耐えてきた。しかし夫婦をベターハーフという西洋の言葉でとらえてみると、自分自身の半身、より尊敬する存在。お互いを理解しあい、共感しあい、尊敬しあえる関係とすると身を捨ててまで相手に尽くすという関係は幸せと言えるのだろうか。一番無邪気に信じていた相手を裏切るような人をベターハーフとは言わない。正反対の人は愛せない。人は生きている限りより良い自分へと磨いているのだから。身勝手な人を大切には思えない。

人は最後の一息を終えるまで学べるものだと貝原益軒先生は書いていた。最後の一息を終えるまで、あきらめない。「人は愛によって生きる、自己愛は死の始まりである。結婚とは男女間の、二人の間だけで子供をもうけようと言う約束である。この約束を破ることは欺瞞であり、裏切りであり、犯罪である」というトルストイの100年前の言葉も思い出したい。

そしてこんな言葉も見つけた。「楽しみは　春の桜に　秋の月　夫婦仲良く三度食う飯」（『田舎暮らしと哲学』より、江戸時代歌舞伎役者五代目市川団十郎、狂歌）こんな喜びを分かち合える人に出会えた人は幸せである。若ければまだまだ人生はやり直せる。もしも若い人たちに伝えるとしたら、日本精神がなし崩しに壊れかけている今、人は見た目が9割なんて真に受けてはいけない。物事、人の本質を見極める目を養うためには、楽しよう、得しようではなく、人生の何たるかを学ぶ真剣さをもって生きること。ただ座って考えるだけではなく、行動し、経験を増やしていく。清き明き心を磨くように中身で勝負する人間を目指していけば、類は友を呼ぶ、必ず同じような志を持つ人に出会える。流行りや見た目に流されずに信念をもって生きてほしい。もしもそうでない自己愛型の人であったと後から気づいたら、気づいた時で遅くはない。一度きりの人生をやり直せる時代だ。

しかし私は人生の最終章、ギリギリのところで、やはり家族を壊したくない、子供たちの基地を守りたい。かつての日本の女性たちが夫の不実にじっと耐え、家庭を守り通したように泰然自若家庭を守り続けたい。夫の不倫以来心はジェットコースターのように揺れ動いてきたが、いざ離婚に踏み切れないのは、やはり家庭を壊すことへの恐ろしさである。なんといっても家庭こそが社会の基礎単位だから家族一人一人がバラバラになって社会に放り出されるなんて想像したくない。母の気持ちの意地を通すよりも家庭を守り切る方を選ぶしかない年齢だ。次世代のためには家庭という基地は必要なのだから。生きるってことは自分自身の自己満足の達成ではなく、生まれてきたこの世への恩返し、何か世のため人のためになることをしてからお暇しようと考えれば、子供たちを護りきる方が満足である。夫の不良行為など気にしないのだ。家族を壊さない。不倫を許さない妻の意地を通すよりも家族を壊さない意地も天晴ということなのかもしれない。サムライ魂は究極の自己コントロールの塊で私利私欲の対極の利他精神だから日本の女性たちは女サムライ魂の塊であったのかもしれないとこの頃は思う。だが、子どもたちが親不孝になってきたら別れるべきだったと理解して離れるべき時なのかもしれない。不道徳な人と縁を結ぶべきではないと教えるために。

最後に、不倫当事者に伝えたい。その女一人を得るために、それまでに築き上げた家族や職場、社会での信頼をすべて失う、それが、人生の総決算であって良いのかと。

参考文献

『Men in Midlife Crisis』Jim Conway 1997 Printed in the United States of America

『万葉集』

『蜻蛉日記』

『只野真葛集』一九九四年　国書刊行会

『運がいいと言われる人の脳科学』黒川伊保子　平成二十八年　新潮文庫

『父という病』岡田尊司　二〇一五年　ポプラ社

『自己愛型社会』岡田尊司　二〇〇五年　平凡社新書

『文読む月日』トルストイ　北御門二郎訳　二〇〇三年　筑摩書房

『山桜記』葉室麟　文藝春秋

『福祉先進国スウェーデンのいじめ対策』高橋たかこ　二〇〇〇年　コスモヒルズ

『真面目な人は長生きする』岡田尊司　二〇一五年　幻冬舎

『夫婦という病』岡田尊司　二〇一六年　河出書房新社
『不倫』中野信子　二〇一八年　文春新書
『おやじの日本史』樋口清之　平成十年　祥伝社
『父親のための人間学』森信三　二〇一〇年　致知出版社
『田舎暮らしと哲学』木原武一　二〇一七年　新潮社
『子育ての書』山住正巳、中江和恵　一九七六年 初版第一刷、一九九二年 初版第十一刷　平凡社
『花鳥の夢』山本兼一　二〇一五年　文春文庫
『人間精神進歩史』コンドルセ　渡辺誠訳　一九五一年 第一、二〇〇二年 第九刷
『文化史としての教育思想史』沼田裕之・加藤守通　二〇〇〇年 初版　福村出版
『日本人の給与明細　古典で読み解く物価事情』山口博　平成二十七年 初版　角川ソフィア文庫
『ローマ人の物語　15　パクスロマーナ』塩野七生　平成16年11月初版、平成30年9月第14刷　新潮文庫

不倫　七つの大罪
いい男やいい女は不倫なんてしない

二〇二一年二月二十八日　初版第一刷発行

著　者　ゆずり葉
発行者　谷村勇輔
発行所　ブイツーソリューション
〒四六六・〇八四八
名古屋市昭和区長戸町四・四〇
電　話　〇五二・七九九・七三九一
FAX　〇五二・七九九・七九八四
発売元　星雲社（共同出版社・流通責任出版社）
〒一一二・〇〇〇五
東京都文京区水道一・三・三〇
電　話　〇三・三八六八・三二七五
FAX　〇三・三八六八・六五八八
印刷所　モリモト印刷

ISBN978-4-434-28648-3